Guests

MW00955549

NAME

ADDRESS

E-MAIL

MESSAGE

NAME

ADDRESS

E-MAIL

MESSAGE

Guests

NAME _____

ADDRESS _____

_____

E-MAIL _____

MESSAGE

_____

_____

_____

_____

_____

NAME _____

ADDRESS _____

_____

E-MAIL _____

MESSAGE

_____

_____

_____

_____

_____

Guests

NAME

ADDRESS

E-MAIL

MESSAGE

NAME

ADDRESS

E-MAIL

MESSAGE

Guests

NAME _____

ADDRESS _____

_____

E-MAIL _____

MESSAGE

_____

_____

_____

_____

_____

NAME _____

ADDRESS _____

_____

E-MAIL _____

MESSAGE

_____

_____

_____

_____

_____

Guests

NAME

ADDRESS

E-MAIL

MESSAGE

NAME

ADDRESS

E-MAIL

MESSAGE

Guests

NAME _____

ADDRESS _____

_____

E-MAIL _____

MESSAGE

_____

_____

_____

_____

_____

NAME _____

ADDRESS _____

_____

E-MAIL _____

MESSAGE

_____

_____

_____

_____

_____

Guests

NAME ....

ADDRESS ....

....

E-MAIL ....

MESSAGE

....

....

....

....

NAME ....

ADDRESS ....

....

E-MAIL ....

MESSAGE

....

....

....

....

Guests

NAME ....

ADDRESS ....

....

E-MAIL ....

MESSAGE

....

....

....

....

....

NAME ....

ADDRESS ....

....

E-MAIL ....

MESSAGE

....

....

....

....

Guests

NAME ....

ADDRESS ....

....

E-MAIL ....

MESSAGE

....

....

....

....

....

NAME ....

ADDRESS ....

....

E-MAIL ....

MESSAGE

....

....

....

....

Guests

NAME

ADDRESS

E-MAIL

MESSAGE

NAME

ADDRESS

E-MAIL

MESSAGE

Guests

NAME _____
ADDRESS _____

_____
E-MAIL _____

MESSAGE

_____
_____
_____
_____
_____

NAME _____
ADDRESS _____

_____
E-MAIL _____

MESSAGE

_____
_____
_____
_____

Guests

NAME ....

ADDRESS ....

....

E-MAIL ....

MESSAGE

....

....

....

....

....

NAME ....

ADDRESS ....

....

E-MAIL ....

MESSAGE

....

....

....

....

....

Guests

NAME ....

ADDRESS ....

....

E-MAIL ....

MESSAGE

....

....

....

....

NAME ....

ADDRESS ....

....

E-MAIL ....

MESSAGE

....

....

....

....

Guests

NAME _____

ADDRESS _____

_____

E-MAIL _____

MESSAGE

_____

_____

_____

_____

_____

NAME _____

ADDRESS _____

_____

E-MAIL _____

MESSAGE

_____

_____

_____

_____

Guests

NAME

ADDRESS

E-MAIL

MESSAGE

NAME

ADDRESS

E-MAIL

MESSAGE

Guests

NAME _____

ADDRESS _____

_____

E-MAIL _____

MESSAGE

_____

_____

_____

_____

_____

NAME _____

ADDRESS _____

_____

E-MAIL _____

MESSAGE

_____

_____

_____

_____

_____

Guests

NAME ....

ADDRESS ....

....

E-MAIL ....

MESSAGE

....

....

....

....

NAME ....

ADDRESS ....

....

E-MAIL ....

MESSAGE

....

....

....

....

 Guests

NAME _____

ADDRESS _____

_____

E-MAIL _____

MESSAGE

_____

_____

_____

_____

_____

NAME _____

ADDRESS _____

_____

E-MAIL _____

MESSAGE

_____

_____

_____

_____

_____

Guests

NAME

ADDRESS

E-MAIL

MESSAGE

NAME

ADDRESS

E-MAIL

MESSAGE

Guests

NAME _____

ADDRESS _____

_____

E-MAIL _____

MESSAGE

_____

_____

_____

_____

_____

NAME _____

ADDRESS _____

_____

E-MAIL _____

MESSAGE

_____

_____

_____

_____

_____

Guests

NAME ....

ADDRESS ....

....

E-MAIL ....

MESSAGE

....

....

....

....

NAME ....

ADDRESS ....

....

E-MAIL ....

MESSAGE

....

....

....

....

Guests

NAME _____

ADDRESS _____

_____

E-MAIL _____

MESSAGE

_____

_____

_____

_____

_____

NAME _____

ADDRESS _____

_____

E-MAIL _____

MESSAGE

_____

_____

_____

_____

# Guests

NAME

ADDRESS

E-MAIL

MESSAGE

NAME

ADDRESS

E-MAIL

MESSAGE

# Guests

NAME _____

ADDRESS _____

_____

E-MAIL _____

MESSAGE

_____

_____

_____

_____

_____

NAME _____

ADDRESS _____

_____

E-MAIL _____

MESSAGE

_____

_____

_____

_____

Guests

NAME

ADDRESS

E-MAIL

MESSAGE

NAME

ADDRESS

E-MAIL

MESSAGE

Guests

NAME ....

ADDRESS ....

....

E-MAIL ....

MESSAGE

....

....

....

....

NAME ....

ADDRESS ....

....

E-MAIL ....

MESSAGE

....

....

....

....

Guests

NAME _____

ADDRESS _____

_____

E-MAIL _____

MESSAGE

_____

_____

_____

_____

NAME _____

ADDRESS _____

_____

E-MAIL _____

MESSAGE

_____

_____

_____

_____

Guests

NAME _____

ADDRESS _____

_____

E-MAIL _____

MESSAGE

_____

_____

_____

_____

NAME _____

ADDRESS _____

_____

E-MAIL _____

MESSAGE

_____

_____

_____

_____

Guests

NAME ....

ADDRESS ....

....

E-MAIL ....

MESSAGE

....

....

....

....

NAME ....

ADDRESS ....

....

E-MAIL ....

MESSAGE

....

....

....

....

Guests

NAME _____

ADDRESS _____

_____

E-MAIL _____

MESSAGE

_____

_____

_____

_____

_____

NAME _____

ADDRESS _____

_____

E-MAIL _____

MESSAGE

_____

_____

_____

_____

Guests

NAME

ADDRESS

E-MAIL

MESSAGE

NAME

ADDRESS

E-MAIL

MESSAGE

Guests

NAME _____

ADDRESS _____

_____

E-MAIL _____

MESSAGE

_____

_____

_____

_____

_____

NAME _____

ADDRESS _____

_____

E-MAIL _____

MESSAGE

_____

_____

_____

_____

_____

Guests

NAME

ADDRESS

E-MAIL

MESSAGE

NAME

ADDRESS

E-MAIL

MESSAGE

Guests

NAME _____

ADDRESS _____

_____

E-MAIL _____

MESSAGE

_____

_____

_____

_____

_____

NAME _____

ADDRESS _____

_____

E-MAIL _____

MESSAGE

_____

_____

_____

_____

_____

Guests

NAME ....

ADDRESS ....

....

E-MAIL ....

MESSAGE

....

....

....

....

NAME ....

ADDRESS ....

....

E-MAIL ....

MESSAGE

....

....

....

....

Guests

NAME _____

ADDRESS _____

_____

E-MAIL _____

MESSAGE

_____

_____

_____

_____

_____

NAME _____

ADDRESS _____

_____

E-MAIL _____

MESSAGE

_____

_____

_____

_____

Guests

NAME _____

ADDRESS _____

_____

E-MAIL _____

MESSAGE

_____

_____

_____

_____

_____

NAME _____

ADDRESS _____

_____

E-MAIL _____

MESSAGE

_____

_____

_____

_____

_____

 Guests

NAME _____

ADDRESS _____

_____

E-MAIL _____

MESSAGE

_____

_____

_____

_____

_____

NAME _____

ADDRESS _____

_____

E-MAIL _____

MESSAGE

_____

_____

_____

_____

_____

Guests

NAME

ADDRESS

E-MAIL

MESSAGE

NAME

ADDRESS

E-MAIL

MESSAGE

Guests

NAME _____

ADDRESS _____

_____

E-MAIL _____

MESSAGE

_____

_____

_____

_____

_____

NAME _____

ADDRESS _____

_____

E-MAIL _____

MESSAGE

_____

_____

_____

_____

Guests

NAME _____
ADDRESS _____
_____

E-MAIL _____

MESSAGE

_____
_____
_____
_____
_____

NAME _____
ADDRESS _____
_____

E-MAIL _____

MESSAGE

_____
_____
_____
_____
_____

Guests

NAME _____

ADDRESS _____
_____

E-MAIL _____

MESSAGE
_____
_____
_____
_____
_____

NAME _____

ADDRESS _____
_____

E-MAIL _____

MESSAGE
_____
_____
_____
_____

Guests

NAME ....

ADDRESS ....

....

E-MAIL ....

MESSAGE

....

....

....

....

NAME ....

ADDRESS ....

....

E-MAIL ....

MESSAGE

....

....

....

....

Guests

NAME _____

ADDRESS _____

_____

E-MAIL _____

MESSAGE

_____

_____

_____

_____

_____

NAME _____

ADDRESS _____

_____

E-MAIL _____

MESSAGE

_____

_____

_____

_____

_____

Guests

NAME _____

ADDRESS _____

_____

E-MAIL _____

MESSAGE

_____

_____

_____

_____

NAME _____

ADDRESS _____

_____

E-MAIL _____

MESSAGE

_____

_____

_____

_____

Guests

NAME _____

ADDRESS _____

_____

E-MAIL _____

MESSAGE

_____

_____

_____

_____

NAME _____

ADDRESS _____

_____

E-MAIL _____

MESSAGE

_____

_____

_____

_____

Guests

NAME ....

ADDRESS ....

....

E-MAIL ....

MESSAGE

....

....

....

....

....

NAME ....

ADDRESS ....

....

E-MAIL ....

MESSAGE

....

....

....

....

....

Guests

NAME _____

ADDRESS _____

_____

E-MAIL _____

MESSAGE

_____

_____

_____

_____

_____

NAME _____

ADDRESS _____

_____

E-MAIL _____

MESSAGE

_____

_____

_____

_____

_____

Guests

NAME _____

ADDRESS _____

_____

E-MAIL _____

MESSAGE

_____

_____

_____

_____

NAME _____

ADDRESS _____

_____

E-MAIL _____

MESSAGE

_____

_____

_____

_____

Guests

NAME _____

ADDRESS _____

_____

E-MAIL _____

MESSAGE

_____

_____

_____

_____

_____

NAME _____

ADDRESS _____

_____

E-MAIL _____

MESSAGE

_____

_____

_____

_____

Guests

NAME _____

ADDRESS _____

_____

E-MAIL _____

MESSAGE

_____

_____

_____

_____

NAME _____

ADDRESS _____

_____

E-MAIL _____

MESSAGE

_____

_____

_____

_____

Guests

NAME _____

ADDRESS _____

_____

E-MAIL _____

MESSAGE

_____

_____

_____

_____

NAME _____

ADDRESS _____

_____

E-MAIL _____

MESSAGE

_____

_____

_____

_____

Guests

NAME ....

ADDRESS ....

....

E-MAIL ....

MESSAGE

....

....

....

....

NAME ....

ADDRESS ....

....

E-MAIL ....

MESSAGE

....

....

....

....

Guests

NAME _____

ADDRESS _____

_____

E-MAIL _____

MESSAGE

_____

_____

_____

_____

NAME _____

ADDRESS _____

_____

E-MAIL _____

MESSAGE

_____

_____

_____

_____

Guests

NAME

ADDRESS

E-MAIL

MESSAGE

NAME

ADDRESS

E-MAIL

MESSAGE

NAME _____

ADDRESS _____

_____

E-MAIL _____

MESSAGE

_____

_____

_____

_____

_____

NAME _____

ADDRESS _____

_____

E-MAIL _____

MESSAGE

_____

_____

_____

_____

_____

Guests

NAME _____

ADDRESS _____

_____

E-MAIL _____

MESSAGE

_____

_____

_____

_____

NAME _____

ADDRESS _____

_____

E-MAIL _____

MESSAGE

_____

_____

_____

_____

Guests

NAME ....

ADDRESS ....

....

E-MAIL ....

MESSAGE

....

....

....

....

NAME ....

ADDRESS ....

....

E-MAIL ....

MESSAGE

....

....

....

....

Guests

NAME

ADDRESS

E-MAIL

MESSAGE

NAME

ADDRESS

E-MAIL

MESSAGE

Guests

NAME _____

ADDRESS _____

_____

E-MAIL _____

MESSAGE

_____

_____

_____

_____

NAME _____

ADDRESS _____

_____

E-MAIL _____

MESSAGE

_____

_____

_____

_____

Guests

NAME _____

ADDRESS _____

_____

E-MAIL _____

MESSAGE

_____

_____

_____

_____

_____

NAME _____

ADDRESS _____

_____

E-MAIL _____

MESSAGE

_____

_____

_____

_____

_____

Guests

NAME _____

ADDRESS _____

_____

E-MAIL _____

MESSAGE

_____

_____

_____

_____

NAME _____

ADDRESS _____

_____

E-MAIL _____

MESSAGE

_____

_____

_____

_____

Guests

NAME

ADDRESS

E-MAIL

MESSAGE

NAME

ADDRESS

E-MAIL

MESSAGE

Guests

NAME

ADDRESS

E-MAIL

MESSAGE

NAME

ADDRESS

E-MAIL

MESSAGE

Guests

NAME

ADDRESS

E-MAIL

MESSAGE

NAME

ADDRESS

E-MAIL

MESSAGE

Guests

NAME ....

ADDRESS ....

....

E-MAIL ....

MESSAGE

....

....

....

....

NAME ....

ADDRESS ....

....

E-MAIL ....

MESSAGE

....

....

....

....

Guests

NAME

ADDRESS

E-MAIL

MESSAGE

NAME

ADDRESS

E-MAIL

MESSAGE

Guests

NAME _____

ADDRESS _____

_____

E-MAIL _____

MESSAGE

_____

_____

_____

_____

NAME _____

ADDRESS _____

_____

E-MAIL _____

MESSAGE

_____

_____

_____

_____

Guests

NAME _____

ADDRESS _____

_____

E-MAIL _____

MESSAGE

_____

_____

_____

_____

_____

NAME _____

ADDRESS _____

_____

E-MAIL _____

MESSAGE

_____

_____

_____

_____

_____

Guests

NAME ....

ADDRESS ....

....

E-MAIL ....

MESSAGE

....

....

....

....

....

NAME ....

ADDRESS ....

....

E-MAIL ....

MESSAGE

....

....

....

....

Guests

NAME ....

ADDRESS ....

....

E-MAIL ....

MESSAGE

....

....

....

....

NAME ....

ADDRESS ....

....

E-MAIL ....

MESSAGE

....

....

....

....

Guests

NAME ....

ADDRESS ....

....

E-MAIL ....

MESSAGE

....

....

....

....

....

NAME ....

ADDRESS ....

....

E-MAIL ....

MESSAGE

....

....

....

....

Guests

NAME ....

ADDRESS ....

....

E-MAIL ....

MESSAGE

....

....

....

....

NAME ....

ADDRESS ....

....

E-MAIL ....

MESSAGE

....

....

....

....

Guests

NAME _____
ADDRESS _____
_____
E-MAIL _____

MESSAGE

_____
_____
_____
_____
_____

NAME _____
ADDRESS _____
_____
E-MAIL _____

MESSAGE

_____
_____
_____
_____
_____

Guests

NAME

ADDRESS

E-MAIL

MESSAGE

NAME

ADDRESS

E-MAIL

MESSAGE

Guests

NAME _____

ADDRESS _____

_____

E-MAIL _____

MESSAGE

_____

_____

_____

_____

NAME _____

ADDRESS _____

_____

E-MAIL _____

MESSAGE

_____

_____

_____

_____

Guests

NAME _____

ADDRESS _____

_____

E-MAIL _____

MESSAGE

_____

_____

_____

_____

NAME _____

ADDRESS _____

_____

E-MAIL _____

MESSAGE

_____

_____

_____

_____

Guests

NAME ....

ADDRESS ....

....

E-MAIL ....

MESSAGE

....

....

....

....

NAME ....

ADDRESS ....

....

E-MAIL ....

MESSAGE

....

....

....

....

Guests

NAME

ADDRESS

E-MAIL

MESSAGE

NAME

ADDRESS

E-MAIL

MESSAGE

Guests

NAME ....

ADDRESS ....

....

E-MAIL ....

MESSAGE

....

....

....

....

NAME ....

ADDRESS ....

....

E-MAIL ....

MESSAGE

....

....

....

....

Guests

NAME ....

ADDRESS ....

....

E-MAIL ....

MESSAGE

....

....

....

....

NAME ....

ADDRESS ....

....

E-MAIL ....

MESSAGE

....

....

....

....

Guests

NAME ....

ADDRESS ....

....

E-MAIL ....

MESSAGE

....

....

....

....

....

NAME ....

ADDRESS ....

....

E-MAIL ....

MESSAGE

....

....

....

....

....

Guests

NAME

ADDRESS

E-MAIL

MESSAGE

NAME

ADDRESS

E-MAIL

MESSAGE

Guests

NAME _____

ADDRESS _____

_____

E-MAIL _____

MESSAGE

_____

_____

_____

_____

NAME _____

ADDRESS _____

_____

E-MAIL _____

MESSAGE

_____

_____

_____

_____

Guests

NAME _____

ADDRESS _____

_____

E-MAIL _____

MESSAGE

_____

_____

_____

_____

NAME _____

ADDRESS _____

_____

E-MAIL _____

MESSAGE

_____

_____

_____

_____

Guests

NAME _____

ADDRESS _____

_____

E-MAIL _____

MESSAGE

_____

_____

_____

_____

NAME _____

ADDRESS _____

_____

E-MAIL _____

MESSAGE

_____

_____

_____

_____

Guests

NAME

ADDRESS

E-MAIL

MESSAGE

NAME

ADDRESS

E-MAIL

MESSAGE

Guests

NAME ....

ADDRESS ....

....

E-MAIL ....

MESSAGE

....

....

....

....

NAME ....

ADDRESS ....

....

E-MAIL ....

MESSAGE

....

....

....

....

Guests

NAME ....

ADDRESS ....

....

E-MAIL ....

MESSAGE

....

....

....

....

NAME ....

ADDRESS ....

....

E-MAIL ....

MESSAGE

....

....

....

....

Guests

NAME ....

ADDRESS ....

....

E-MAIL ....

MESSAGE

....
....
....
....

NAME ....

ADDRESS ....

....

E-MAIL ....

MESSAGE

....
....
....
....

Guests

NAME _____

ADDRESS _____

_____

E-MAIL _____

MESSAGE

_____

_____

_____

_____

_____

NAME _____

ADDRESS _____

_____

E-MAIL _____

MESSAGE

_____

_____

_____

_____

_____

Guests

NAME _____

ADDRESS _____

_____

E-MAIL _____

MESSAGE

_____

_____

_____

_____

NAME _____

ADDRESS _____

_____

E-MAIL _____

MESSAGE

_____

_____

_____

_____

Guests

NAME

ADDRESS

E-MAIL

MESSAGE

NAME

ADDRESS

E-MAIL

MESSAGE

Guests

NAME _____

ADDRESS _____

_____

E-MAIL _____

MESSAGE

_____

_____

_____

_____

_____

NAME _____

ADDRESS _____

_____

E-MAIL _____

MESSAGE

_____

_____

_____

_____

_____

Guests

NAME _____

ADDRESS _____

_____

E-MAIL _____

MESSAGE

_____

_____

_____

_____

_____

NAME _____

ADDRESS _____

_____

E-MAIL _____

MESSAGE

_____

_____

_____

_____

Guests

NAME _____

ADDRESS _____

_____

E-MAIL _____

MESSAGE

_____

_____

_____

_____

_____

NAME _____

ADDRESS _____

_____

E-MAIL _____

MESSAGE

_____

_____

_____

_____

_____

Guests

NAME _____

ADDRESS _____

_____

E-MAIL _____

MESSAGE

_____

_____

_____

_____

_____

NAME _____

ADDRESS _____

_____

E-MAIL _____

MESSAGE

_____

_____

_____

_____

_____

Guests

NAME ....

ADDRESS ....

....

E-MAIL ....

MESSAGE

....

....

....

....

....

NAME ....

ADDRESS ....

....

E-MAIL ....

MESSAGE

....

....

....

....

....

Guests

NAME _____

ADDRESS _____

_____

E-MAIL _____

MESSAGE

_____

_____

_____

_____

_____

NAME _____

ADDRESS _____

_____

E-MAIL _____

MESSAGE

_____

_____

_____

_____

_____

Guests

NAME

ADDRESS

E-MAIL

MESSAGE

NAME

ADDRESS

E-MAIL

MESSAGE

Guests

NAME

ADDRESS

E-MAIL

MESSAGE

NAME

ADDRESS

E-MAIL

MESSAGE

Guests

NAME ....

ADDRESS ....

....

E-MAIL ....

MESSAGE

....

....

....

....

NAME ....

ADDRESS ....

....

E-MAIL ....

MESSAGE

....

....

....

....

Guests

NAME ....

ADDRESS ....

....

E-MAIL ....

MESSAGE

....

....

....

....

NAME ....

ADDRESS ....

....

E-MAIL ....

MESSAGE

....

....

....

....

 Guests

NAME ....

ADDRESS ....

....

E-MAIL ....

MESSAGE

....

....

....

....

NAME ....

ADDRESS ....

....

E-MAIL ....

MESSAGE

....

....

....

....

....

Guests

NAME _____

ADDRESS _____

_____

E-MAIL _____

MESSAGE

_____

_____

_____

_____

_____

NAME _____

ADDRESS _____

_____

E-MAIL _____

MESSAGE

_____

_____

_____

_____

_____

Guests

NAME ....

ADDRESS ....

....

E-MAIL ....

MESSAGE

....

....

....

....

....

NAME ....

ADDRESS ....

....

E-MAIL ....

MESSAGE

....

....

....

....

....

Guests

NAME _____

ADDRESS _____

_____

E-MAIL _____

MESSAGE

_____

_____

_____

_____

_____

NAME _____

ADDRESS _____

_____

E-MAIL _____

MESSAGE

_____

_____

_____

_____

Guests

NAME _____

ADDRESS _____

_____

E-MAIL _____

MESSAGE

_____

_____

_____

_____

NAME _____

ADDRESS _____

_____

E-MAIL _____

MESSAGE

_____

_____

_____

_____

NAME ....

ADDRESS ....

....

E-MAIL ....

MESSAGE

....

....

....

....

....

NAME ....

ADDRESS ....

....

E-MAIL ....

MESSAGE

....

....

....

....

....

Guests

NAME _____

ADDRESS _____

_____

E-MAIL _____

MESSAGE

_____

_____

_____

_____

NAME _____

ADDRESS _____

_____

E-MAIL _____

MESSAGE

_____

_____

_____

_____

Guests

NAME _____

ADDRESS _____

_____

E-MAIL _____

MESSAGE

_____

_____

_____

_____

_____

NAME _____

ADDRESS _____

_____

E-MAIL _____

MESSAGE

_____

_____

_____

_____

Made in the USA
Middletown, DE
07 July 2023

34715532R00064